Lars Büscher

Auf das Leben

Auf das Leben

Lars Büscher

Impressum

Bibliografische Information der Deutschen Nationalbibliothek:
Die Deutsche Nationalbibliothek verzeichnet diese Publikation in der Deutschen Nationalbibliografie; detaillierte bibliografische Daten sind im Internet über http://dnb.dnb.de abrufbar.

Verlag: BoD · Books on Demand GmbH, Überseering 33,
22297 Hamburg, bod@bod.de

Druck: Libri Plureos GmbH, Friedensallee 273, 22763 Hamburg
ISBN: 978-3-8192-8067-2

FSC
www.fsc.org
MIX
Papier aus verantwortungsvollen Quellen
Paper from responsible sources
FSC® C105338

Inhaltsverzeichnis

Schattenseiten

Die Nacht

In der Nacht
Sind alle grauen Katzen
Schwarz.

Ebbe

Rückzug im kalten Sand.
Winde wehen nicht mehr.
Herzen schlagen stiller.
Die Zeit
Der Überlebenden kommt.

Flut

Fluten sinken hinab durch
Treppen
In schwarze Städte.
Lichter kegeln mit Augen.
Das Ende schleicht heute
Durch die Stadt:
Die Welt will schlafen.
Die Menschen heimgehen.
Fluten springen umher,
Und sind die neuen
Könige der Welt.

Ein Jahr

Ein Jahr ist ins Land gegangen
Und kehrt nie wieder
Zu mir zurück.

Geister der Vergangenheit

Ich dachte,
Ich würde euch nie wiedersehen.
In Filmen und in Bilden
Wurde euer Tod festgestellt.
„Nie wieder, nicht hier!“
Auf Wänden geschrieben.
Die Türen wurden
Nicht mehr geschlossen.
Doch heute,
Als ich aufwachte,
Standen sie wieder neben
Meinem Bett.

Der große Krieg

Zeitungsboten stürzen
Sich in die Fluten.
Badegäste tauschen
Brot und Gift
Mit den Tauben.
Der große Krieg
Hat begonnen.

Unter vielen Namen

Unten vielen Namen
Habe ich Dich
Gekannt, verflucht, geliebt.
Geheilt hat Dich nur,
Was Dich getötet hat.

Der Wahnsinn

Der Wahnsinn
Ist das alltägliche Leben
An einem schlechten Tag.

Hey Hey

Einmal aus dem
Blauen gekommen
Kannst Du nicht mehr zurück
Der König verrottet am
Straßenrand.
Rost schläft nicht
Scarlett verfangen in Rot
Verkauft Kaffee im Kreisverkehr.
Das Bild brennt.
Die Welt verschwimmt,
Ins Schwarze gestoßen.
Hey, hey...
Einmal aus dem
Blauen gekommen
Kannst Du nicht mehr zurück.

Kein Happy End in Naturfilmen

Plastikenten sind aus
Badewannen ausgewandert.
Mädchen heißen jetzt Havarie,
Jungen Cargo.
Katzen springen aus Klappen.
Reiter schlucken Wellen
Am Horizont geht es nicht
Mehr weiter.
Der Regen fällt gebogen
Auf meinen Kopf:
In Naturfilmen gibt
Es kein Happy End.

Leer am Strand

Wellen flüstern in Stimmen,
Die ich vergessen habe.
Von Bildern ganz taub
Höre ich Walt Whitman
In den Grashalmen der Düne
Flüstern.
Ein weißes Rauschen.
Lagerfeuer am anderen Ufer.
Wegweiser drehen sich noch
In meinem Kopf
Als es leer am Strand wurde.

Schattenwände

Schatten führen mich
Hinter ein Licht,
Welches ich nicht sehen kann.

Nachtschattengewächse

Jeder Tag sieht aus wie Du.
Du siehst aus wie meine Nächte.
Dir stehen Tage nicht.
Mir auch nicht.

Ich wieder im Regen

Das Pech klebt mir an der Haut:
Horizonte brennen
In den Pupillen.
Wo vorher Falten
Auf meiner Stirn waren,
Türmen sich jetzt Berge auf.
Wieder ein Tag.
Ich wieder im Regen…
Wasser soll mich bedecken
Bis ich die Welt
Nicht mehr halten kann.
Engel spielen Klavier.
Ich träume von
Rettenden weißen Pferden.
Meine Haare wachsen mir aus
Der Stirn.
Wieder ein Tag.
Wieder ich im Regen.

Die harten Zeiten kehren zurück

Wenn die harten Zeiten
Zurückkehren,
Werde ich diesmal weicher sein.

Ist etwas gut?

Ist etwas gut?
Ist etwas gerettet?
Ist da noch ein Degen
In meiner Hand?
Sind da noch
Schatten über meinen Augen?
Sind sie noch blau?
Ist mein Kopf noch kahl?
Ist er noch fest genug
Angewachsen?
Ist etwas gut?
Ist etwas gerettet?

Am Ende des Tages

Am Ende des Tages
Werfe ich die Hülle des Tages,
In den Fluss,
Aus dem meine verletzte Seele
Trinken muss.

Zwischenwelten

Der Mond

Ich möchte auf der hellen Seite
Des Mondes leben,
Aber wissen,
Was auf der dunklen Seite ist.

Die Zeit

Heute hat die Zeit
Mal Zeit für mich.

Leben und Tod

Was bedeutet Leben,
Wenn alles stirbt.
Was bedeutet Sterben,
Wenn alles lebt.

Kalt

Mir ist kalt.
Der Januar hat die
Schatten entfesselt,
Die dein scheues Leuchten
Nicht aufhalten konnte.
Mir ist kalt.
Am Feuer der Erinnerung
Ist noch Platz.
Du hast mich vermisst.
Dort werden wir uns
Wiedersehen.

Wortschöpfung

Dem Morgen gesagt.
Dem Mittag verschwiegen
Dem Abend gebeichtet.
Das bist Du.

Der Dichter

Mir fällt nichts mehr ein.
Die Fantasie ist ausgezogen
Der Möbelwagen
War schön bunt.
Dass ich Dich liebe,
Das stand schon gestern
Auf meiner Stirn.
Dass ich traurig bin,
Dass gurren die Tauben
Von den Dächern.
Dass ich ein Dichter bin,
ist nur noch eine Behauptung
Der Wind weht mich weg.
Soll er doch.
Ich fliege dahin.
Davongekommen.
Vorbei an
Möbelwagen und Tauben.
Jetzt bin ich frei
Denke
Vermisse
Trauere
Flügel wachsen Dir schon noch,
Du närrischer Dichter

Selbstportrait

Ich will sein:
Ein Dichter
Mit leichter Feder,
Spitzer Zunge,
Festen Rückgrat
Schwachen Seiten
Und starken Wurzeln.

Du sollst

Du sollst Dich bewerben,
Dich bewähren.
Du sollst bestehen,
Verstehen.
Du sollst mit der Zeit gehen,
Bei dir bleiben.
Du sollst nicht immer
So müde sein.
Du sollst nicht immer denken.
Ich will
Dieses Gedicht
Nicht weiterschreiben.

Lebensläufe

Jetzt kann ich leise kann,
Weil ich laut war.
Jetzt kann ich lieben,
Weil du mich liebtest.
Jetzt kann ich gehen,
Weil ich hier war.

Lebensfarben

Als ich jung war,
War jedes Rot eine Versuchung
Und jedes Weiß eine Unschuld.
Als ich älter wurde,
War jedes Rot, die eine Liebe
Und jedes Weiß, die eine Chance
Wenn ich alt bin,
Ist hoffentlich nicht jedes Rot
Die Gefahr
Und jedes Weiß
Die Langeweile.

Identitäten

Ich wusste gar nicht,
Dass ich viele bin.
Bin ich vielleicht
Gar nicht ICH?
Ich wusste es mal
Bevor es egal wurde.

Nackt im Wind

„Wie fühlt es sich an,
So nackt im Wind?“
Fragt mich der Mantel,
Am Boden liegend.

Die Möwen

Die Möwen schreien
Vom engenden Landgürtel her
Eine Antwort, still

Koffer

Gestern haben sie
Den Sommer gefaltet
Und in einen
Braunen Koffer gesteckt.

Morgen ist meine Zeit

Morgen ist meine Zeit.
Sterne werden für mich leuchten
Sonnen für mich scheinen
Feuer für mich brennen
Sommer werden kommen
Herzen zusammenwachsen
Zweifel und Schmerz
Ziehen weiter.
Ich habe gewartet.
Ich habe gelernt.
Morgen ist meine Zeit.

Neuanfang

Alles ist schwer.
Die Gegenwart krümmt
Sich für mich.
Eine Zukunft ist gerade
Nicht zu erreichen.
Ich gehe auf die Straße
und rufe:
„Die Zeit
Der Dichter und Denker
Wird kommen!“

Sonnentage

Die Sonne

So hoch am Himmel
Wandert eine Kraft
Umher in gelben Kleidern.
Ich sehe durch Dich.
Der Baum wächst durch Dich.
So hoch am Himmel
Wird die Zeit geworfen
Auf eine kleine blaue Kugel.

Tag am Meer

Das Licht bricht Dich in Wellen.
Am Horizont leuchtet
Mein Name.
Hier kennt man uns.
Hier wollen wir sein.

Eine weiße Feder

Eine weiße Feder
Fliegt durch den Morgen.
Leichtigkeit steigt nach oben.
Schwerelos, geräuschlos, ziellos.
Eine weiße Feder fliegt
Durch blaue Weiten,
Weiße Betten.
Wachend, träumend, schlafend.
Eine weiße Feder fliegt
Durch die Welt.

Etwas fehlte

Etwas fehlte
In meinem Leben.
Es ist noch immer nicht da,
Aber ich kann es jetzt
Beim Namen rufen

Ein warmer Frühling

Ich brauche einen
Warmen Frühling,
Eure Menschlichkeit
Und etwas Glück.

Der Sommer kommt

Der Sommer kommt.
Die Kinder sind aufgeregt.
Die Erwachsenen spulen ihre
Besten Filme zurück
Die Natur erinnert sich an
Vergessene Farben:
Verlorene Vögel
Formen aus dem Himmel ein Herz.
Ich vergesse sogar
Mit meinen Augen
Schwarze Bilder zu malen.
Der Sommer kommt morgen.

Seitdem ich liebe

Seitdem ich liebe,
Habe ich gelernt
Zu vergessen.

Am Boden meiner Seele

Am Boden meiner Seele
Liegt ein Foto von Dir.

Wie

Wie
Kann diese Welt schlecht sein,
Wenn Du auf ihr wandelst?

Warum

Warum
Sollte ich ein Gott sein wollen-
Wenn ich auch ein Engel
Sein kann?

Gebet

Gestern hast Du für mich gebetet
Und heute ist die
Sonne aufgegangen.

Die Stille

Die Stille ruft mich,
Und ich antworte nicht.

Stiller Ozean

Früher war ich
Das Tote Meer.
Heute bin ein stiller Ozean.

Regenbogen

Wer hat den Regen gebogen?
Den Bogen gespannt?
Die Spannung aufgebaut?
Die Bauten errichtet?
Den Richter bezahlt?
Die Zahl erwürfelt?
Die Würfel geworfen?

Ewig

Ewig gewartet
Auf das Warten.
Dann flog das Leben
Zu mir ins Fenster
Und der Moment
Nahm mich mit auf seinen Flügeln.

Auf das Leben

Auf Dich!
Auf das Leben!
Auf alles,
Was uns folgt!

Danke

Fühlt euch gerne angesprochen!